Gustave MOULY, Avocat

GUIDE PRATIQUE

DE L'ÉLECTEUR

DROITS ET DEVOIRS

15 Cent.

15 Cent.

1re PARTIE

Importance des Élections Municipales

2e PARTIE

L'8e
225 UDENCE ÉLECTORALE

Élections Municipales de 1900

PRIX

L'exemplaire................	**0** fr. **15** cent.
L'exemplaire (franco par la poste).. .	**0** fr. **20** —

PRIX DE PROPAGANDE

10 exemplaires (franco par la poste)..	**1** fr. **60** —
100 exemplaires (franco).............	**15** fr. » » —
500 exemplaires (franco).............	**70** fr. » » —
1000 exemplaires (franco).............	**130** fr. » » —

EN VENTE

Chez l'Auteur, 28, rue Dessolles, à Auch,

Et aux Bureaux de la *Voix du Peuple*, 4, rue Gambetta, à Auch.

Gustave MOULY, Avocat

GUIDE PRATIQUE

DE L'ÉLECTEUR

DROITS ET DEVOIRS

15 Cent.

15 Cent.

Élections Municipales de 1900

1re PARTIE

Importance des Élections Municipales

2e PARTIE

JURISPRUDENCE ÉLECTORALE

A M. Th. SOUCARET

Rédacteur en chef de la *Voix du Peuple*.

MON CHER AMI,

De cette brochure, je tiens à vous donner la part qui vous revient. Le premier, vous en avez eu l'idée. Je n'ai fait que résumer en quelques lignes nos longues causeries du coin du feu, alors que nous rêvions d'une France meilleure et d'un avenir réparateur....

Vous m'avez dit souvent:

La lâcheté des bons, plus que l'audace de leurs adversaires, a amené ces temps troublés, où les choses les plus saintes et les plus sacrées, la Religion, la famille, l'idée de Patrie, la justice, la liberté, sont bafouées et foulées aux pieds. Seule, l'action pourra nous sauver, si, à l'heure actuelle, tous les bons Français comprennent leur devoir.

Ainsi, vous voudriez voir descendre dans l'arène des partis où se jouent les destinées de la France, tous ceux qui ont encore le respect des choses saintes et l'amour du pays. Si ceux-là dont vous déplorez la lâcheté ou l'inertie avaient le plaisir de vous connaître, ils apprendraient à avoir votre confiance inébranlable dans l'avenir.

Que sera cet avenir? Dieu le sait; il vous suffit. Tous les jours sur la brèche, fort de votre croyance, vous donnez sans compter, vos forces et l'énergie d'une âme vaillante qui a connu aux heures douloureuses, les désillusions et les amertumes de la défaite, mais ne désespéra jamais.....

Puisse ce simple hommage de mon amitié vous être agréable.

G. M.

PREMIÈRE PARTIE

IMPORTANCE DES ÉLECTIONS MUNICIPALES

Le but de cette brochure est double.

Il consiste : 1° à montrer l'utilité des luttes prochaines, en faisant l'union des honnêtes gens sur le terrain municipal; 2° à renseigner exactement les électeurs sur *leurs droits* en matière électorale, en donnant à ce sujet un résumé de la dernière jurisprudence.

Sans doute, il serait désirable que cette union se fît en haut de l'échelle politique, dans ces milieux où les courants se créent et où il est facile à l'*Idée* de faire son chemin.

Malheureusement, les préjugés sont là qui arrêtent les partis modérés.

Ils sont incontestablement la majorité dans le pays, et à l'heure actuelle c'est à eux que reviendrait la lourde tâche de constituer un grand parti de défense sociale.

Des hommes dont l'autorité n'est plus discutée. n'en sont pas eux-mêmes à l'abri.

Dans l'opposition, ils signalent le danger, flétrissent les abus de pouvoirs, les violences, les turpitudes de leurs adversaires, et, arrivés au Gouvernement, obéissant à l'esprit de parti, ils finissent par subir l'influence et la direction de ceux-là mêmes dont ils condamnaient les procédés.

Faut-il rappeler l'occasion peut-être unique que laissait naguère échapper un de leurs chefs de former ce parti de défense sociale et d'entrer ainsi dans l'histoire avec la double auréole du talent et du caractère ?

On s'est demandé si une alliance ne serait pas plus aisée

à réaliser sur un terrain où les intérêts marcheraient de pair avec la Politique, et le *terrain municipal* n'est-il pas le terrain le meilleur pour faire cette union et servir d'assises inébranlables aux efforts de tous ceux qui veulent résolument barrer la route aux partis de la Révolution et de l'Anarchie ?

Ce seul but à atteindre devrait secouer la torpeur des indifférents, des timorés, qui estiment avoir rempli tous leurs devoirs de citoyens quand ils ont déposé leur bulletin dans l'urne.

Effrayés de vos velléités électorales, ils vous disent avec un air de candeur infinie : « *Oh ! nous ne faisons pas de politique !* » Ah ! c'est bien le cri du cœur qui synthétise à lui tout seul la déchéance des caractères en cette fin de siècle !

Ceux-là qui auraient le plus d'intérêt à faire de la politique vivent sous un régime de suffrage universel, comme sous un régime de pouvoir absolu.

Voilà comment le pays catholique par excellence, dont la foi religieuse était proclamée naguère à la tribune de la Chambre au milieu des vociférations des majoritards parlementaires, se laisse gouverner par une poignée de francs-maçons et de juifs.

Les braves gens votent... quelquefois. Rarement leur effort électoral porte des fruits, car s'ils mettent leur bulletin dans l'urne, ils ne *veillent même pas à ce qu'il en sorte*. Alors, devant les résultats décourageants des scrutins, ils vous disent, comme pour légitimer leur apathie, et d'un air triomphant encore : A quoi bon voter ?

PROGRAMME D'ENTENTE. — Cette union, que nous appelons de tous nos vœux, est-elle possible ? Sur quel terrain la préparer ?

Sur *un terrain d'abord d'honnêteté politique*. Cette honnêteté consiste à dire tout haut d'où l'on vient, où l'on va, ce que l'on veut. Par cette déclaration, franche, loyale, on évite aux bateleurs politiques de crier au pacte infâme et secret avec tel ou tel parti.

Donc, drapeau au vent et alliance ouverte affichée sur tous les murs! Chacun pourra ainsi sans contrainte exercer dans son milieu une action salutaire et travailler dans la mesure de ses forces au triomphe final.

L'intérêt qu'offrent les élections municipales n'est plus contestable; elles sont la base de tout.

Nous résumons en peu de mots les grandes questions qui peuvent faire l'objet d'un programme d'entente entre les hommes d'ordre :

1° Garanties et protections accordées aux libertés religieuse et d'enseignement;

2° Question des bureaux de bienfaisance;

5° Médecine gratuite;

4° Gestion des fonds communaux.

§ Ier — Garantie et protection accordées aux libertés religieuses et d'enseignement

1° LIBERTÉ RELIGIEUSE. — Il semble, au premier abord, que les municipalités sont appelées à jouer un bien petit rôle en ce qui concerne les questions religieuses.

Il n'en est rien, et une *municipalité tracassière* peut créer des conflits toujours regrettables dans une commune.

Le Maire est appelé à avoir des rapports fréquents avec les Ministres du culte; il peut soulever des difficultés journalières, soit comme Maire, soit comme membre du Conseil de fabrique, surtout depuis la mise en vigueur de la loi sur la comptabilité des fabriques.

Il *peut aussi interdire les processions.* Il est donc à souhaiter qne des rapports les plus courtois président aux relations entre Maire et Curé.

2° LIBERTÉ D'ENSEIGNEMENT — Les passions anti-religieuses des municipalités sectaires se réveillent surtout en matière d'enseignement.

De par la loi, chaque commune a son ÉCOLE LAÏQUE.

Dans beaucoup de communes se trouve également une ÉCOLE CONGRÉGANISTE OU ÉCOLE LIBRE. D'où antagonisme, rivalité haineuse; d'autant que dans la majorité des communes rurales l'école libre est plus prospère que l'autre.

Jusqu'au jour où nous aurons obtenu que la commune ait la liberté d'avoir ou une ÉCOLE LAÏQUE, ou une ÉCOLE CONGRÉGANISTE, *selon le désir exprimé par la majorité des pères de famille,* nous devons *exiger* que les municipalités distribuent dans une *juste proportion* des secours aux *enfants des deux écoles,* LAÏQUES *ou* CONGRÉGANISTES, *sans distinction.*

Une très belle campagne, dite *justice-égalité,* a été menée à ce sujet ces derniers temps en France.

Grâce à une heureuse initiative, on est arrivé à atténuer les rigueurs de la loi à l'égard des écoles libres.

Il y a, en matière d'enseignement, une anomalie que nous voulons signaler. L'Etat impose, au nom sans doute du double principe de la Liberté, et de la Liberté de conscience, un enseignement *uniforme* et *athée.*

La majorité des habitants est très certainement catholique dans presque toutes les communes de France, et cependant l'Ecole sera LAÏQUE de par la loi! Les pères de famille devront donc violenter leur conscience et faire élever leur fils dans des écoles d'où on a arraché le Crucifix sous le vain prétexte de neutralité bienveillante... comme si la neutralité pouvait exister en matière de religion. Et, s'ils ne peuvent se résoudre à livrer l'âme de leurs enfants à la neutralité laïque, ils devront s'imposer de lourds sacrifices pour ouvrir à côté une école libre.

Anomalie monstrueuse qui disparaîtra, nous l'espérons, le jour où, de toutes les communes de France, s'élèvera un cri de protestation.

SECOURS A DISTRIBUER. — Ce n'est pas tout. Les municipalités ont inscrit à leur budget des dépenses obligatoires; d'autres facultatives. Sous des formes diverses, soit en nature, soit en argent, *elles viennent en aide aux enfants nécessiteux des* ÉCOLES LAÏQUES.

Nous *devons réclamer, avec la dernière énergie*, que les secours soient distribués à tous les *nécessiteux*, enfants des ÉCOLES LAÏQUES ou enfants des ÉCOLES LIBRES, *sans distinction*.

OBJECTION. — C'est contraire à la loi, dira-t-on? D'abord, de par l'article 145 de la loi du 5 avril 1884, les municipalités *sont libres de l'emploi de certaines allocations* portées au budget pour les dépenses facultatives.

De plus, le Conseil d'Etat a décidé qu'il était *parfaitement légal* d'accorder des secours de bienfaisance *en nature à tous les enfants sans distinction d'école* (Cons. d'Etat, 20 févr. 91).

Enfin, certaines municipalités sont entrées déjà dans cette voie.

Elles ont pensé, et c'est leur honneur, que *tous les enfants étaient égaux devant la faim et la misère*.

En 1889, la ville de *Nantes* vota 1,500 fr. pour secours à *distribuer en nature aux enfants pauvres des écoles libres*.

Un arrêté préfectoral du 3 mai 1889 annula la délibération du Conseil municipal.

On se va devant le Conseil d'Etat, et le 20 février 1891 le Conseil d'Etat déclare que les communes peuvent voter, *sur leurs fonds disponibles*, des *secours en nature* à distribuer aux enfants des écoles libres.

A *Angers*, de 1892 à 1896, la municipalité vota chaque

année 1,000 fr. pour les *enfants des écoles enfantines libres*, et 2,000 fr. pour les *enfants des écoles libres.*

Bordeaux, Vannes, Troyes, Roubaix, Tourcoing, Haubourdin (Nord), etc., s'honorent de suivre cet exemple.

Les Conseils municipaux peuvent donc accorder des secours au nom de la loi; ils le doivent, au nom de la justice et de l'égalité.

Tous les enfants du peuple, à ce titre particulièrement, ont droit à la même justice; les traiter autrement serait les rendre responsables des convictions de leurs parents.

§ II. — Bureaux de bienfaisance

La question des Bureaux de bienfaisance a une importance capitale. Le Bureau de bienfaisance est l'établissement public chargé de distribuer les secours aux pauvres, à domicile. Chaque commune importante en possède un; et l'on peut dire que sous le couvert de la charité il se passe les faits les plus scandaleux qui se puissent imaginer.

Les pauvres ne sont admis à bénéficier des secours, ou de l'assistance gratuite des médecins, que sur l'avis de la Commission administrative, nommée par le Préfet et la Municipalité. On devine aisément les faits scandaleux de pression qui s'exercent.

L'argent des pauvres devient une arme électorale, et la partialité la plus révoltante préside à la distribution des secours. Cependant, quelles que soient leurs opinions, tous les pauvres ont des droits égaux!

L'influence exercée en matière politique, au moyen des Bureaux de bienfaisance, est devenue encore plus considérable, dans le même ordre d'idées, depuis la promulgation de la loi sur l'Assistance médicale gratuite.

§ III. — Assistance médicale gratuite

La loi du 13 juillet 1893 a procédé à l'organisation du traitement à domicile dans les campagnes. De ce fait, les Municipalités exercent une influence considérable, si l'on songe que les *listes* des familles ou des personnes admises au bénéfice de la médecine gratuite sont arrêtées par des Commissions spéciales.

Dans les départements *où le service est organisé par commune,* la Commission n'est autre *que le Conseil municipal.*

On voit d'ici ce que devient cette médecine gratuite, si la Municipalité est assez oublieuse des devoirs les plus élémentaires d'humanité pour se laisser guider par ses intérêts ou ses rancunes politiques.

Cette seule considération, d'une égale sollicitude pour les pauvres, comme pour les enfants, justifie et au-delà la **haute** importance des élections municipales.

§ V. — Gestion des fonds communaux

Il importe, enfin, à une commune, de confier ses intérêts entre les mains d'hommes probes et sachant gérer leurs propres affaires. Si, au contraire, on se laisse guider par la question politique, les intérêts d'une partie des électeurs seront lésés; l'on verra les centimes additionnels grossir d'année en année; les emprunts succéderont aux emprunts, et les affaires de la commune iront comme celles de l'Etat!...

CONCLUSION. — Oui, *il est lâche et criminel de se désintéresser des élections municipales, car elles exercent une influence incontestable sur les autres élections.*

Je me permettrai de citer un exemple topique, c'est l'histoire d'hier. En 1896, le département du Gers eut un moment

2

de découragement et de lassitude. Il s'était à peine relevé de la rude épreuve subie aux élections législatives de 1893, et nos amis, découragés, s'étaient désintéressés des élections municipales. Le résultat fut ce qu'il devait être. Dans un département essentiellement conservateur, il se trouva qu'une majorité de municipalités arriva au pouvoir avec un programme radical-socialiste. Deux ans après avaient lieu les élections sénatoriales, et *trois sénateurs radicaux-socialistes* remplacèrent les trois conservateurs-libéraux soumis au renouvellement.

La Corse continentale semblait être devenue le bourg pourri des partis avancés...

Or, il n'en est rien, car l'année suivante, 1898, le département du Gers envoyait à la Chambre trois députés conservateurs-libéraux, à la stupéfaction générale de tous ceux qui ignorent que chez nous on sait encore, grâce à Dieu, rester fidèle aux traditions politiques et religieuses.

Les élections sénatoriales avaient été la conséquence logique des élections municipales de 1896.

Les Municipalités en majorité radicales-socialistes avaient envoyé des délégués assortis, alors que la masse des électeurs dans chaque commune était conservatrice.

Comprendra-t-on après cela l'importance de la lutte sur le terrain municipal? Cette importance est indéniable, aussi bien au point de vue politique qu'au point de vue local :

1° *Au point de vue politique :* A/ par les attributions des Conseils municipaux en matière d'élections sénatoriales;

B/ Et aussi parce que c'est par les soins de la Commission administrative et de la Commission municipale qu'a lieu la revision des listes électorales;

C/ Enfin, *les Municipalités tiennent les urnes et peuvent assurer la sincérité du suffrage universel dans toutes les manifestations.*

2° *Au point de vue local :* Le Conseil municipal gère les intérêts communaux, il exerce une influence prépondérante grâce aux Bureaux de bienfaisance, à l'organisation de la Médecine gratuite; *il est le maître dans la commune.*

Rien n'est plus facile que de constituer une liste municipale en s'appuyant sur les données qui précèdent, puisque le programme que nous indiquons comme pouvant être celui de tous les bons Français, EST UN PROGRAMME DE DÉFENSE SOCIALE et non celui d'un PARTI POLITIQUE.

Aussi ne faut-il pas se préoccuper d'une façon exclusive des opinions d'un candidat en matières d'élections municipales.

Le but de l'union, au point de vue municipal, étant un but de défense sociale, tous les vrais libéraux, tous les braves gens peuvent se placer sur ce terrain.

Nous voudrions que tous ceux qui se pénétreront des quelques réflexions que nous venons d'émettre *comprennent toute l'importance des élections municipales.*

C'est le but que nous poursuivons, et aux hommes de cœur, à tous ceux qui sont décidés à lutter pour la défense de leurs intérêts et de leurs convictions, estimant que *l'exercice du vote* n'est pas seulement *un droit*, mais *un devoir*, nous dédions la deuxième partie de cet opuscule.

JURISPRUDENCE ÉLECTORALE

I
Renseignements généraux

CANDIDATURE. — Nul ne peut être candidat malgré lui ; aussi, le tiers qui porte une personne sur une liste, sans son consentement, l'imprimeur qui imprime des affiches ou des bulletins, sont passibles de dommages et intérêts.

PRESSE. — Toute personne *nommée*, ou simplement *désignée* dans un article de journal, a le droit d'exiger l'insertion d'une réponse dans un des plus prochains numéros. Cette réponse devra être mise à la même place et avec les mêmes caractères que l'article en quetion. Elle sera gratuite, si elle ne dépasse pas le double de la longueur dudit article. Le surplus, si elle était plus longue, devrait être payé aux prix des annonces judiciaires. En cas de refus d'insertion, le gérant est passible d'une amende de 50 à 500 francs, sans préjudice des autres peines et dommages et intérêts.

AFFICHES. — Les affiches sur *papier blanc* sont formellement interdites.

Seules sont permises les affiches sur papier de couleur. *En temps de période électorale, elles sont affranchies du droit de timbre lorsqu'elles portent la signature du candidat ou son visa.*

QUI PEUT AFFICHER ? — Tout le monde.

OU PEUT-ON AFFICHER ? — Sur les murs des collèges, écoles, théâtres, halles, marchés, mairies, sur les arbres des voies publiques. On peut afficher sur les portes et murs des maisons particulières, *avec l'assentiment du propriétaire.*

On ne peut jamais afficher sur les murs ou portes des édifices consacrés au culte, ni dans les emplacements réservés par arrêté du maire, à l'affichage des lois et actes administratifs.

LACÉRATION. — Celui qui *enlève, déchire, recouvre, altère* une affiche est passible d'une amende de 5 à 15 francs, sans préjudice d'une *action en dommages et intérêts* qui peut lui être intentée par le candidat.

COLPORTAGE. — En temps de période électorale, une *déclation n'est pas nécessaire* pour *distribuer* journaux, brochures, programmes, bulletins.

RÉUNIONS PUBLIQUES

Elles peuvent avoir lieu sans autorisation. Il suffit de faire une *déclaration* à la Mairie *deux heures* avant la réunion. Exiger un récépissé.

BUREAU. — La réunion est présidée par un bureau composé de trois personnes au moins. Elles peuvent être élues par l'assemblée. Le bureau est responsable de tout désordre ou des discours contenant provocations, à tout acte qualifié crime ou délit.

RÉUNIONS PRIVÉES

Elles sont entièrement libres, et ne sont soumises à aucune réglementation, ni déclaration, mais :

1° Elles doivent avoir lieu dans un lieu privé ;

2° On ne peut être admis que sur une convocation individuelle.

PÉNALITÉS. — Les infractions à la loi sur les réunions sont punies de peine de simple police.

II

Electorat

Pour jouir de ses droits d'électeur, il faut :

1° Etre français;
2° Etre âgé de 21 ans (1);
3° Jouir de ses droits civils et politiques (2).

Pour exercer ses droits d'électeur, il faut :

1° N'être ni militaire (3), ni détenu, ni contumax, ni aliéné (4);

2° Etre inscrit sur la liste électorale de la commune ou de la section de la commune.

(1) On doit avoir 21 ans avant la clôture définitive de la liste électorale, soit avant le 31 mars de l'année.
(2) L'incapacité résulte de toutes les condamnations emportant déchéances prononcées par des tribunaux français (cours d'assises, tribunaux correctionnels ou conseils de guerre). Les incapacités électorales sont réglées par le *Décret* du 2 février 1852, il vise tous les électeurs.
(3) Les militaires qui ont un congé de 30 jours et au-dessus peuvent voter.
(4) Le Décret de 1852 ne s'applique qu'aux aliénés enfermés dans un *établissement public;* les individus aliénés et non interdits placés dans un établissement privé **peuvent** voter.

INSCRIPTION. — Doit être inscrit sur la liste électorale d'une commune tout citoyen qui remplit *une* des conditions suivantes :

1º Celui qui a son *domicile* dans la commune (1);
2º Celui qui y a sa *résidence* depuis 6 mois au moins;
3º Celui qui y est inscrit au rôle d'une des quatre contributions;
4º Celui qui y est inscrit au rôle des prestations en nature;
5º Les ministres du culte et les fonctionnaires, *dès leur nomination*.

SECTIONNEMENT. — Lorsque la commune est divisée en sections électorales, il existe *une liste électorale dans chaque section* contenant le nom des électeurs inscrits dans la section.

Chaque section est représentée par un nombre de Conseillers municipaux proportionné au chiffre des électeurs inscrits, mais chaque section vote pour la liste entière des Conseillers municipaux représentant la commune. Le sectionnement est fait par le Conseil général.

REMARQUE. — Tout électeur a le droit de poursuivre l'inscription ou la radiation d'un autre électeur de la même commune, même dans les communes sectionnées.

III
Eligibilité

D'une façon absolue, les militaires en activité de service, les incapables, les interdits et les personnes pourvues d'un conseil judiciaire, les indigents et les domestiques ne peuvent être éligibles. Il en est de même de certains fonctionnaires (préfet, sous-préfet, etc., commissaire, agent de police).

Les entrepreneurs de services municipaux et les agents salariés de la commune ne sont pas éligibles dans *cette* commune.

Les magistrats ne sont pas éligibles dans le ressort où ils exercent leurs fonctions.

IV
De la liste électorale

Nous avons vu quelles personnes doivent être inscrites sur la liste électorale d'une commune.

Cette liste est permanente mais doit être révisée annuellement.

Cette revision est faite par les soins d'une *commission adminis-*

(1) Sans condition de durée.

lrative composée : 1º du maire, 2º un délégué choisi par le préfet, 3º un délégué choisi par le Conseil municipal.

Les radiations ou inscriptions peuvent être faites : 1º d'office, 2º sur la demande de l'intéressé, 3º sur la demande d'un électeur quelconque de la commune.

NOTA. — Un électeur inscrit régulièrement sur la liste d'une commune ne peut être rayé par ce seul fait qu'il est également inscrit sur la liste d'une autre commune, s'il n'est pas prouvé que cette deuxième inscription a eu lieu sur sa demande ou du moins avec son assentiment.

La liste provisoire ainsi revisée doit être communiquée à tout électeur. Il peut en prendre copie. Le tableau contenant les changements apportés à la liste doit être déposés au Secrétariat de la Mairie le 15 janvier, dernier délai.

Les réclamations formées contre les inscriptions ou radiations sont inscrites sur un registre.

DÉCISIONS DE LA COMMISSION MUNICIPALE. — La Commission municipale est juge des réclamations. La *Commission municipale* se compose de la *Commission administrative* et de deux délégués du Conseil municipal, qui peuvent être de simples électeurs. Aucune forme de procédure ne lui est imposée, mais les *parties* doivent être entendues contradictoirement, et les *cinq membres de la Commission doivent être présents, à peine de nullité.*

Cassation (13 avril 1893) Sirey (1), 1893, 1ʳᵉ partie, p. 428
Cass. (30 mars 1896) S 97 1 527

NOTIFICATION. — Les décisions de la Commission doivent être notifiées aux intéressés. La notification doit être faite par écrit et à domicile sans forme spéciale. On la confie dans la pratique à un agent assermenté de la commune. Le délai de la notification est de *3 jours*. Passé ce délai, la notification serait encore valable, mais les délais d'appel ne courent que du jour de la notification.

Cass. (3 juin 1893) S 95 1 511
Cass. (10 mai 1897) S 98 1 191

APPEL DEVANT LE JUGE DE PAIX. — Les décisions de la Commission municipale sont susceptibles d'appel devant le juge de paix.

Le délai est de *5 jours.*

(1) Recueil de Sirey.

Si le dernier jour du délai d'appel tombe un dimanche ou un jour férié, le terme du délai est prorogé de *un jour*.

Cass (28 avril 1896) Dp (1) 96   1   43

Les différentes nullités tirées de l'inobservance des délais légaux sont couvertes par la comparution du défendeur et ses conclusions au fond.

Cass. (30 mars 1896) S   97   1   358

FORMES DE L'APPEL. — L'appel doit être formé *par déclaration au greffe de la justice de paix.*

Il suffit dans cette déclaration d'indiquer le nom des parties et la décision attaquée.

Cass. (7 août 1895) S   97   1   46

A l'audience, les conclusions peuvent être données oralement, ou par simple lettre missive.

La *comparution des parties* n'est nécessaire que dans les enquêtes.

Cass. (11 avril 1895) S   95   1   461
Cass. (30 mars 1896) S   97   1   358

La présence à l'*instance* d'un membre de la Commission municipale serait un cas de nullité absolu. Cette Commission ne peut justifier sa décision, ni fournir des explications sur l'objet de l'appel, même par des explications verbales devant le juge de paix.

Cass. (30 mars 1896) Mo (2) J. Paix 1897 p. 115
Cass. (22 mai 1897) Droit octobre 1897

Le juge de paix doit statuer dans les dix jours. Trois jours avant de statuer il doit donner un *avertissement* aux parties intéressées.

L'*avertissement* ne doit pas être donné à l'électeur, dont l'inscription a été demandée par un tiers, si cet électeur est resté étranger à l'instance.

Cass. (1er mai 1897) Droit 3 octobre 1897

JUGEMENT. — Le jugement doit contenir certaines mentions, notamment :

1º Il doit mentionner si l'avertissement a été donné aux parties intéressées;

Cass. (25 mars 1896) S   97   1   320

2º Contenir les conclusions des parties ainsi que l'exposé des questions de fait ou de droit soulevées par elles.

Cass. (21 avril 1896)

(1) Recueil de Dalloz.
(2) *Moniteur de Justice de Paix.*

8° Relater si les parties ont été entendues dans leurs explications, si elles étaient présentes à l'audience.

Cass (11 juillet 1895) S 97   1   192

4° Etre signé par le juge de paix.

Cass. (22 mai 1895) S 95   1   245

DÉNI DE JUSTICE. — En cas de *déni de justice*, c'est-à-dire si le juge de paix se refusait à juger, les intéressés ont la ressource de la *prise à partie.*

Cass. (14 avril 1892) S 95   1   359

NOTIFICATION. — Les décisions du juge de paix doivent également être notifiées aux intéressés dans les trois jours.

POURVOI EN CASSATION. — Les intéressés *ayant figuré dans l'instance* peuvent seuls se pourvoir en cassation, dans *les dix jours.*

Cass. (20 mai 1890) S 92   1   277

Si le jugement a été contradictoire, le délai court à dater de la notification. Si non, à dater de la prononciation du jugement.

Cass. (26 juin 1895) S 96   1   527
Cass. (22 janvier 1896) Droit 11 avril 1896.

REMARQUE. — L'affaire étant en suspens devant la cour de cassation, l'électeur *peut voter* et doit en conséquence *être inscrit* sur la liste électorale.

FORME DU POURVOI. — Il peut être formé par voie de simple requête *au greffe de la justice de paix.*

DÉNONCIATION. — Ce pourvoi doit être dénoncé au défendeur dans les dix jours.

Cass. (7 janvier 1895) S 95   1   143
Cass. (8 avril 1895) S 96   1   136

On ne peut, à peine de nullité, *dénoncer le pourvoi* qu'*après* l'avoir formé au greffe.

Cass. (5 août 1895) S 97   1   44

A peine de nullité, on doit mentionner dans la dénonciation le *domicile* et la *personne* à qui elle a été faite.

Cass. (22 août 1896) S 97   1   528

La dénonciation doit être faite par un *huissier* ou un *agent assermenté* (garde champêtre).

Cass (8 avril 1895) S 96   1   367

L'original et la copie de la dénonciation doivent, à peine de nullité, porter la signature de l'*huissier* ou de l'*agent assermenté*.

Cass. (14 juin 1895) S 96   1   415

DÉLAIS. — Ces diverses opérations doivent être faites dans les délais impartis par la loi.

Nous donnons ci-dessous le tableau de ces opérations correspondant aux dates précises.

Nous l'empruntons au *Répertoire alphabétique* de Fuzier-Herman.

OPÉRATIONS.	NOMBRE de Jours.	TERME des Délais
Préparation des tableaux de rectification	10	10 janvier.
Délai accordé pour dresser les tableaux de rectification...................................	4	14 janvier.
Publication des tableaux de rectification........	1	15 janvier.
Délai ouvert aux réclamations	20	4 février.
Délai pour les décisions des commissions municipales chargées du jugement des réclamations.	5	9 février.
Délai pour la notification des dernières décisions de ces commissions	3	12 février.
Délai d'appel devant le juge de paix..........	5	17 février.
Délai pour les décisions devant le juge de paix.	10	27 février
Délai pour la notification des décisions du juge de paix...	3	2 mars.
Délai de pourvoi en Cassation.......	10	12 mars.
Clôture de la liste		31 mars.

REMARQUE. — Les délais n'expirent pas avant minuit. Ils ne peuvent être abrégés par la fermeture de la mairie avant cette heure-là.

Cass. (25 avril 1892) S 95   1   463

V

Opérations Électorales

OBSERVATION GÉNÉRALE. — Nous essaierons d'envisager les divers cas pouvant se présenter au cours des *opérations électorales*. Il va de soi que lorsque nous dirons qu'il y a *lieu à annulation*, cela veut dire que le Conseil d'Etat a annulé des élections pour le même motif. Si ces mêmes cas se représentaient, les électeurs doivent protester et *faire insérer leur protestation au procès-verbal*.

Si le Président refusait d'insérer leur protestation au procès-verbal des opérations électorales, ils devraient rédiger eux-mêmes, par écrit, leur protestation, et la faire signer par des témoins.

Dans la suite, il sera bon de faire légaliser les signatures par l'autorité municipale ou la justice de paix.

CONVOCATION DES ÉLECTEURS. — La convocation des électeurs a lieu par arrêté préfectoral. Cet arrêté doit être publié *quinze jours* au moins avant l'élection. Il indique le local où doit se tenir le scrutin, ainsi que les heures auxquelles le scrutin doit être ouvert et fermé.

CARTES ÉLECTORALES. — Des cartes électorales établissant l'identité de l'électeur et désignant le lieu où doit se tenir le scrutin, sont délivrées à chaque électeur. Dans la pratique, le Maire les fait distribuer à domicile. Il n'y est pas tenu. Tout électeur qui a égaré cette carte, ou ne l'a pas reçue, a le droit, au moment du vote, d'aller la *réclamer à la Mairie*, en établissant son identité.

FORMATION DU BUREAU

PRÉSIDENT. — Le bureau se compose d'*un* Président et de *quatre* assesseurs. Ils s'adjoignent un secrétaire qui n'a que voix consultative

Le Président est de droit, *le Maire*. A défaut, *l'Adjoint* ou un *Conseiller municipal* dans l'ordre du tableau.

ASSESSEURS. — Les assesseurs doivent être choisis parmi les *deux plus âgés* et les *deux plus jeunes électeurs* présents à l'ouverture du scrutin.

Conseil d'E at 11 décembre 1896

Si le Président forme le bureau autrement, *malgré les protestations des électeurs* en question *il y a lieu à annulation du scrutin.*

(1) **27** juillet 1893, élection de Mirepoix, S., 95 3-68.
20 novembre 1896, élect. d'Ouides (Leb. chr. (2), p **738**).
21 novembre 1996, élec. de Périer (Leb. chr., p. **763**).
Conseil d'Etat, 12 mars 1897, él. de Rebinacq (Leb. ch., p. **217**).

Lorsque l'heure fixée pour l'ouverture du scrutin par l'arrêté préfectoral *est arrivée*, et que le maire ou les adjoints *se font attendre*, les électeurs *présents peuvent constituer* le bureau. Ils doivent donner

(1) Conseil d'Etat.
(2) Recueil des arrêts du Conseil d'Etat de Lebon (Ordre chronologique).

la présidence à un conseiller municipal s'il en est un ou plusieurs de présents, toujours dans l'ordre du tableau.

En l'absence même de conseillers municipaux, ils peuvent choisir *un simple électeur sachant lire et écrire pour présider le bureau.*

> Conseil d'Etat 23 juillet 1881. élect. de Cheragas (Leb. chr., p. 234).
> — 9 janvier 1885, él. de Mazzola (Leb. chr., p. 24).
> — 18 mai 1888, él. de la Goutte-d'Or (Leb. chr., p. 460).

SECRÉTAIRE. — Le Secrétaire doit être choisi par le bureau tout entier. Il y aurait lieu à *annulation* s'il était désigné par le président *malgré l'opposition de la majorité du bureau.*

> Cons. d'Et. 18 décembre 1885, élect. de Tresque (Leb. chr., p. 975) ?
> — 29 juin 1889, élec. d'Uruyne (Leb. chr., p. 826),

PRÉSENCE DES MEMBRES DU BUREAU. — 3 membres du bureau au moins doivent être présents pendant tout le cours des opérations (art. 19 de la loi du 5 avril 1884 *in fine*). Malgré les termes impératifs de la loi, il a été jugé que la réduction momentanée du bureau à moins de *trois* membres n'entraînait nullité que *si elle avait pu influer* sur le résultat du scrutin.

Nombreux arrêts.

> Cons. d'Et. 5 août 1893. élect. de Noilheau (S., 95-3-72).
> — 27 janvier 1894, él. de Paris (quart. de Bercy) (S. 96-3-4).
> — 2 août 1895. él. de Maison-Carrée (S., 97, 3, 132).
> — 21 mars 1896, él. d'Argenton (Leb. chr., p. 762).

DROITS DU PRÉSIDENT DU BUREAU. — Il a seul la police de l'Assemblée et peut prendre tous moyens qu'il juge nécessaires au maintien de l'ordre. Il *doit interdire toute discussion*, toute *délibération* dans la salle du scrutin. Il peut requérir la force publique.

Mais une arrestation ordonnée *sans raison*, étant de nature à intimider les électeurs, serait une cause d'annulation.

> Cons d'Et. 28 novembre 1884, élect. de Saint-Baussant (Leb chr., p. 849.

Le Président a aussi la police des abords de la salle.

L'interdiction absolue aux électeurs de séjourner dans la salle rendant toute surveillance impossible est un motif d'annulation.

> 9 janvier 1885, élect. de Sorio (Leb. chr , p. 35).
> 26 mars 1886, élect. de Magrar (Leb. chr., p. 290).

Le président *peut requérir l'évacuation de la salle* lorsque le maintien de l'ordre lui en fait un devoir. Mais il doit veiller à ce que la *surveillance des urnes par les électeurs puisse s'exercer.*

Si l'évacuation de la salle sans motif plausible portait atteinte à la liberté des électeurs, il y aurait motif à annulation.

Cons. d Et. 22 février 1889, élect. de Roujan (Leb. chr., p. 259).
— 10 mars 1893, él. d Fontiès Cabardès (Leb. chr., p 237).
— 20 mai 1893 élec de Nescovata (Leb chr., p 377).

DEVOIRS DU PRÉSIDENT. — Il doit assurer la libre manifestation de la volonté des électeurs.

Il doit être impartial et assurer à tous les candidats sans distinction d'opinions politiques *la libre surveillance des urnes* et du *dépouillement* du scrutin.

OUVERTURE DU SCRUTIN. — Dès l'ouverture du scrutin, qui doit avoir lieu à l'heure indiquée par l'arrêté préfectoral, le président doit faire constater par les électeurs présents que *l'urne est vide.* Les électeurs ont le droit de le vérifier.

ADMISSION AU VOTE. — Doivent être admis à voter :

1° *Tout électeur inscrit sur les listes électorales s'il prouve son identité,* soit au moyen de sa carte d'électeur, soit, s'il l'a égarée, par témoins ou tout autre moyen;

2° *Tout électeur non inscrit* porteur d'une décision du juge de paix ou d'un arrêt de la cour de cassation annulant un jugement *qui aurait prononcé sa radiation.*

REMARQUE. — Le Bureau ne peut pas s'opposer au vote d'un électeur *inscrit même à tort* sur les listes électorales.

Cons. d'Et. 1er juillet 1893, élect. de Castaguède (S., 95-3-55).

BULLETINS. — Les bulletins n'ont pas de forme particulière. Le *papier doit être blanc.* Le papier *rayé* ou *quadrillé* est considéré comme papier blanc.

Les bulletins doivent être distribués en dehors de la salle.

La distribution *dans la salle* entraînerait la nullité de l'élection alors qu'elle a pu exercer une influence sur le résultat de l'élection.

Cons. d'Et. 7 novembre, élect. de Chatifert (Leb chr., p. 769).
— 3 juin 1893, élect. de Spezet (Leb. chr., p. 448).

REMISE DU BULLETIN. — L'électeur remet son bulletin au président du bureau. Celui-ci le met dans l'urne sans *l'ouvrir,* mais il peut s'assurer que le bulletin n'est pas double pourvu qu'il ne l'ouvre pas *de façon à pouvoir en prendre connaissance.*

Cons. d'Et. 17 juillet 1896, élect. de Vence (Leb. chr., p. 582).

La *soustraction* ou la *substitution* d'un bulletin commise par le président entraînera en principe la *nullité de l'élection.*

Cons. d'Et. 26 février 1872. élect. de Périlhac (Leb. chr., p. 123).
— 19 novembre 1875, élect. de Noc-la (Leb. chr., p. 926).

SURVEILLANCE DU SCRUTIN. — Les électeurs ont le droit et le devoir de *surveiller le scrutin.*

Cons. d'Et. 13 mars 1897, élect. de Roubaix (S , 99-3-38).

Ils ont le droit de prendre des notes pour *contrôler l'exactitude* des émargements.

ÉMARGEMENTS. — Le vote de chaque électeur doit être constaté sur la feuille d'émargements en marge du nom du votant.

CLOTURE DU SCRUTIN. — Le président doit constater l'heure à laquelle il clôt le scrutin. L'heure de la clôture est l'heure indiquée par l'arrêté préfectoral.

Une *clôture anticipée* serait de nature à entraîner la nullité de l'élection. Il y aurait lieu de rechercher si cette irrégularité était de nature à modifier le résultat du scrutin.

Cons. d'Et. 6 mars 1896. élec. d'Olmi-Capella (Leb. chr., p. 224).
— 30 janvier 1897, élect. de Rochecolombe (Leb. chr , p. 78).

DÉPOUILLEMENT. — Il a lieu de suite après la clôture du scrutin. Tous les électeurs, et les électeurs seuls, ont le droit d'y assister.

Si le nombre des votants n'est pas supérieur à 300, le bureau peut procéder lui-même au dépouillement. Mais il doit être composé de trois membres au moins à peine de nullité.

Cons. d'Et. 16 juin 1893, élect. de Saint-Hilaire (Leb. chr., p. 102).

Si le nombre des votants est supérieur à 300, le bureau désigne des scrutateurs parmi les électeurs sachant lire et écrire pour procéder au dépouillement.

REMARQUE. — Lorsque plusieurs listes de candidats sont en présence, chaque liste doit présenter au bureau un certain nombre de scrutateurs, ainsi chaque nuance politique est officiellement représentée au dépouillement, et les intérêts de chacun sauvegardés. *Cette façon de procéder donne au dépouillement du scrutin un caractère de sincérité absolue.*

VÉRIFICATION DU NOMBRE DE BULLETINS. — Le Président commence par procéder à la vérification du nombre de bulletins contenus dans l'urne, tandis que le secrétaire vérifie le nombre des émargements.

Les deux chiffres doivent nécessairement concorder. S'il y a une *différence, mention doit en être faite au procès-verbal* et l'on prend pour base du calcul de la majorité le chiffre *le plus faible.*

1er CAS. Si le *nombre des bulletins est supérieur au chiffre des émargements,* on retranche à chaque candidat un nombre de suffrages égal au chiffre des bulletins trouvés en trop. Si malgré ce retranchement, certains candidats conservent la majorité absolue, il y a lieu de les proclamer élus.

Conseil d'Etat 31 juillet 1896.

On doit également tenir compte du nombre de voix retranché, pour le calcul de la majorité absolue.

Cons. d'Et 28 janvier 1881. élect. de Vic-Fezensac (Leb chr , p. 121).
— 18 novembre 1892 élect de Montégut (S . 94-3-86).
— 25 janvier 1896. élect. Saint-Orens (S., 98-3-13).
— 30 janvier 1897. élect. de Bouvillard (S., 99 3-13).

REMARQUE. — Le Bureau ne pourrait pas retirer de l'urne, et *au hasard,* un certain nombre de bulletins égal à ceux trouvés en plus des émargements.

Cons. d'Et. 13 févries 1897 élect. de Visoncourt (S., 99-3-26).

2e CAS. *Le chiffre des émargements est supérieur au chiffre des bulletins.* — Si l'écart est sensible, il y a fraude très certainement, d'où annulation.

Conseil d'Etat 13 novembre 1896.

DÉPOUILLEMENT

Après avoir vérifié le nombre des bulletins contenus dans l'urne, le Président les dépouille lui-même, avec l'aide des membres du Bureau, si le nombre des votants n'est pas supérieur à 300.

S'il est supérieur à 300, le dépouillement se fera par tables séparées, à l'aide de *scrutateurs* nommés à cet effet.

Dans ce cas, le Président groupe les bulletins en *paquets de cent* ; chaque paquet est renfermé dans un sac en papier, puis il appose sa signature sur le sac *afin d'éviter une substitution.*

Certains présidents font également parapher les sacs par leurs adversaires politiques, afin d'éviter toute contestation possible.

Les sacs sont ensuite distribués aux scrutateurs qui les dépouillent par tables séparées.

Il y a d'ordinaire 4 scrutateurs par table.

L'accès autour des tables doit être libre.

MANIÈRE DE PROCÉDER. — Un des scrutateurs prend un bulletin. Il le lit à haute voix et le passe au 2me scrutateur, tandis que les deux autres attribuent le bulletin sur les feuilles de pointage au candidat à qui il doit revenir.

Ces deux derniers scrutateurs s'avertissent à chaque dizaine de voix relevées pour chaque candidat.

Ainsi, les erreurs et les fraudes sont faciles à éviter.

BULLETINS DOUTEUX. — Quand les scrutateurs ne savent à qui attribuer un bulletin, ils doivent le mettre à part, le Bureau devant décider sur son attribution. Ces bulletins devront, d'ailleurs, être annexés au procès-verbal après avoir été revêtu de la signature des membres du Bureau.

Le défaut d'annexion au procès-verbal serait une cause de nullité, si leur nombre et leur attribution eut pu modifier le résultat de l'élection.

BULLETINS DOUBLES. — Il se peut que, par mégarde, l'électeur ait remis au Président deux bulletins pliés ensemble.

Si ces bulletins *portent les mêmes noms, un seul,* sur les deux, doit entrer en ligne de compte.

Cons. d'Et, 3 juillet 1896, élect. de Porvenchéres (Leb. chr., p. 552).

Si les bulletins portent des *noms différents,* ils doivent tous deux être considérés comme nuls, et n'être attribués à aucun candidat.

Cons. d'Et. 25 novembre 1892, élect. de Combroude (S., 94-3-90).

ATTRIBUTION DES BULLETINS. — L'électeur est libre de rayer les noms imprimés qui se trouvent sur les bulletins et de les remplacer par d'autres noms écrits à la main, *même au crayon.*

DIVERS CAS. — Lorque deux bulletins pliés ensemble contiennent *la même liste de noms imprimés,* mais que *sur un des bulletins,* un ou plusieurs noms ont été rayés et remplacés par d'autres noms écrits à la main, ce dernier bulletin *seul* doit entrer en ligne de compte.

Cons. d'Et. 9 janvier 1897, élect. de St-Christoly (Leb. chr., p. 12).

Lorsque deux bulletins sont pliés ensemble, il importe donc de vérifier soigneusement si les noms que renferment ces bulletins sont *identiques* ou *différents.*

Lorsque sur un même bulletin on a *effacé le nom* d'un candidat, laissant ses titres et qualités, et qu'on l'a remplacé par le nom d'un autre candidat, le bulletin *doit être attribué à ce dernier.*

Un bulletin contenant ces mots : « Tous les conseillers sortants, excepté tels et tels, » contient une désignation suffisante.

Cons. d'Et. 12 avril 1889 élect. de Provins (S. 91 3-54).
— 19 décembre 1896, élect. d'Esnoms (S. 98-3 144).

BULLETINS GOMMÉS. — En principe, l'usage des bulletins gommés est permis

Cons. d'Et. 5 mars 1897, élect. de Saleslance (S. 99-3-36).
— 12 février 1898, élec. de Ste-Foy (D. 99-3-46).

Mais, la bande gommée doit *cacher entièrement* le nom du candidat qu'on a voulu évincer.

Cons. d'Et. 23 mai 1896, élection de Vertaizon (Leb. chr., p. 449).

Il n'est pas nécessaire que la bande gommée soit adhérente au bulletin, si les noms qui se trouvent sur le bulletin lui-même *sont rayés.*

Cons. d'Et. 5 avril 1889, élect de La Chapelle-sous-Crey (Leb. chr , p. 470).

Les bulletins dont les noms *n'ont pas été rayés*, et qui contiennent une *bande gommée* portant la liste adverse, *doivent être annulés.*

Cons. d'Et 5 mars 1897, élect. de Sallertaine (S. 993-36).

REMARQUE. — Les scrutateurs doivent, s'ils ne sont pas d'accord, procéder à une vérification nouvelle.

S'ils sont d'accord, ils inscrivent sur les feuilles de dépouillement :

1º Le nombre des bulletins;

2º Le nombre de voix obtenues par les candidats;

3º Le nombre de bulletins blancs, nuls ou douteux.

Ils apposent ensuite leur signature au bas de ces feuilles et les remettent ainsi que *tous les bulletins* au président du bureau.

PROCÈS-VERBAL

Le Président du Bureau dresse ensuite, en double, le procès-verbal des opérations électorales.

Il est tenu d'y insérer toutes les *protestations* et *incidents* soulevés au cours des opérations électorales. Il doit lire, tout au moins, la partie du procès-verbal où sont relatées les protestations dont l'insertion a été demandée.

Le procès-verbal doit porter la signature de tous les membres du

Bureau. Ils ont le droit d'y faire apporter des modifications s'ils le jugent à propos, avant de le signer.

REFUS D'INSERTION. — Si le Président du Bureau se refusait à insérer les protestations qui lui sont signalées, relater immédiatement ce refus, ainsi que la protestation, sur une feuille de papier blanc ordinaire et le faire signer par des témoins. Le nombre de signatures a ici une certaine importance, car il prouve le bien fondé et la valeur de la protestation

PROCLAMATION DU SCRUTIN. — Immédiatement après la clôture du procès-verbal, le Président proclame le résultat du scrutin.

INCINÉRATION DES BULLETINS. — Il doit ensuite brûler tous les bulletins qui n'ont pas été annexés au procès verbal.

Le défaut d'incinération peut être une cause de nullité s'il a constitué une manœuvre ayant pour objet de violer le secret du vote.

Con d'Et 17 mai 1889. élect de Piana (Leb. chr., p. 613).

Il y a également lieu à annulation, si les bulletins dont l'attribution a été contestée et qui auraient dû être annexés au procès-verbal ont été incinérés alors que le nombre des voix ainsi contestées pouvait changer le résultat du scrutin.

Cons. d'Et 4 décembre 1894, élect de Terrebasse (S. 96-3-152).
— 7 mars 1896, elect. de Darban (Leb. chr., p. 246).

FRAUDES

Il importe de connaître les fraudes usuelles en ces matières afin de les prévenir.

1º LISTES ÉLECTORALES. — Certains Maires trouvent tout simple de rayer certains noms des listes électorales sans raison aucune. Si vous vous en apercevez, vous protestez. On met l'omission de votre nom sur une négligeance de scribe, et l'on vous remet sur la liste. Très bien. Mais si vous ne vous étiez pas aperçu de cette supercherie, vous n'auriez pu voter dans le courant de l'année. Donc prendre le soin de consulter les listes *avant le 4 février*, et voir si on n'a pas été rayé. Il suffit d'un homme dévoué dans chaque commune rurale; il peut à lui seul, et en peu de temps, *vérifier et contrôler toute la liste.*

Pour se maintenir au pouvoir, d'autres Maires n'hésitent pas à faire voter les morts ou les absents. Voici comment:

On distribue à des amis : 1° les cartes électorales des personnes décédées dont *le nom n'a pas été rayé à dessein des listes ;* 2° les cartes d'électeurs que l'on sait ne pouvoir voter parce qu'ils sont éloignés ou sous les drapeaux, et l'on fait voter ainsi un *même individu* plusieurs fois.

Il importe de vérifier les listes d'émargements dès le lendemain des élections. Elles sont à la disposition de tous les électeurs pendant 5 jours. Si l'on *s'aperçoit que la fraude indiquée a eu lieu,* rédiger immédiatement une protestation et l'adresser à la commission de recensement. La fraude répétée pourrait amener l'annulation de l'élection.

2° Scrutin. — Les membres du bureau se rendent compte dans l'après-midi par le nombre de votants qu'il y aura plus ou moins d'abstentions. *Des amis* viennent alors voter. Chacun de leurs bulletins contient un certain nombre d'autres bulletins plus petits, sur papier mince, et pliés méthodiquement. Le secrétaire émarge des noms pointés à l'avance ét que l'on sait ne pouvoir voter (militaires, absents). Il suffit de la complicité du secrétaire et du président pour cette fraude.

3° Substitution des sacs. — Je ne parle que pour mémoire de la substitution légendaire des sacs, qui peut avoir lieu si le président est complice.

Des sacs *préparés à l'avance* et paraphés par lui contiennent les cent bulletins. Sur ces cent bulletins, et pour dérouter les soupçons, on en a mis quelques-uns seulement au nom des adversaires. Ces sacs préparés sont substitués aux véritables, dans le trajet du bureau aux tables de dépouillement, et le tour est joué.

Suivre les sacs, ne pas les perdre de vue ou obtenir du Président de les parapher avec lui, sont les deux seuls moyens d'éviter cette fraude.

4° Dépouillement. — Mais c'est surtout au moment du dépouillement, lorsqu'il y a lieu de recourir à des scrutateurs, que l'on peut *faire* le mandat d'adversaires politiques avec la complicité du Bureau.

D'abord, on refusera systématiquement à vos amis les fonctions de scrutateur. Les tables de dépouillement sont entourées par des électeurs de choix, et la fraude peut se produire de deux façons :

1° Le scrutateur chargé de proclamer le nom des candidats inscrits

sur chaque bulletin, proclame, à la place, le nom de *ses candidats*.
et les autres scrutateurs pointent naturellement les noms proclamés.

2° Ou bien le scrutateur chargé de proclamer les noms, lit réellement les noms que porte le bulletin, et les deux autres scrutateurs, qui sont d'accord à l'avance, accordent aux adversaires tant de voix par dizaines.

Ces fraudes sont d'autant plus dangereuses que les bulletins étant incinérés de suite après le dépouillement, il est désormais impossible de vérifier le nombre de voix *réellement obtenu* par les candidats.

Un bureau honnête ne laisse commettre aucune de ces fraudes.

Il donne à ses adversaires toutes garanties : 1° en leur *facilitant la surveillance* des urnes; 2° en leur *accordant des scrutateurs*.

PÉNALITÉS. — D'autant que la loi sauvegarde jalousement la liberté, la sincérité des urnes.

Sans parler de l'*annulation*, qui est prononcée chaque fois que les faits délictueux ont été de nature à fausser le résultat de l'élection, elle édicte des peines sévères contre leurs auteurs.

1° INSCRIPTION FRAUDULEUSE SUR LES LISTES ÉLECTORALES. Amende de 100 à 1,000 fr. (Art. 31 Décr. du 2 février 1852, complété par l'art. 6 de la loi du 7 juillet 1874.)

Prison, 6 jours à un an; amende, 50 à 500 fr.

2° VOTE FRAUDULEUX d'une personne qui n'a pas le droit de voter : 15 jours à 3 mois de prison; amende de 20 à 500 fr. (Art. 32 Décr. org. du 2 février 1852.)

3° VOTE FRAUDULEUX d'une personne qui vote pour un autre :
Prison, 6 mois à 2 ans; amende, 200 à 2,000 fr.

L'individu qui a remis à un autre une carte d'électeur avec recommandation de voter, doit être poursuivi comme complice. (Mêmes peines.)

Bastia, 19 octobre 1892; Robaglia, S. 93-2 9.
Cass. 12 janvier 1893; Robaglia, S 93-1 275.

4° VOTE MULTIPLE :
Prison, 6 mois à 2 ans; amende 200 à 2,000 fr. (Art. 34 Déc. 2 février 1862.)

5° ALTÉRATION DU SCRUTIN : Quiconque étant chargé, dans un scrutin, de recevoir, de compter ou de dépouiller les bulletins contenant les suffrages des citoyens, aura soustrait, ajouté, ou altéré des

bulletins, ou lu un nom autre que celui inscrit, sera puni d'un em_
prisonnement d'un an à 5 ans et d'une amende de 500 à 5,000 fr.
(Art. 35 Décr. org. 2 février 1852, applicable à toutes les élections.)
Cass. 8 janvier 1898, S.. 98-1 535.

Cet article est applicable au président du bureau, aux assesseurs,
au secrétaire, aux scrutateurs.

FAIT DE CORRUPTION ET DE CONTRAINTE. — Le fait
d'avoir donné promis ou reçu des deniers, effets ou valeurs quelconque sous la condition, soit de *donner*, soit de *procurer* un suffrage, soit de *s'abstenir* de voter, sera puni :

Prison, 3 mois à 2 ans ; amende, 500 à 5,000 francs.

Les mêmes peines sont applicables à ceux qui *auront fait* ou
accepté l'offre ou la promesse d'emplois publics ou privés. (Art. 38,
Déc. 2 fév. 1852.) Le fait seul de *l'offre* ou de *la promesse* adressée
dans un but de corruption électorale constitue le délit.
Cass. 9 janvier 1895, S, 85-1-400.
Toulouse, 2 janvier 1889, S. 89-2-17.

REMARQUE — L'article 111 du Code pénal n'ayant pas été
abrogé par l'art. 35 du décret du 2 février 1852, on en a conclu, avec
juste raison, que les poursuites intentées en vertu de l'art. 112
n'étaient plus subordonnées à la constatation des flagrants délits.
Cass. 9 décembre 1892, S. 94-1-475.
Cass. 8 janvier 1898, S. 98-1-535.

Lea articles 147, 148, 164 du Code pénal relatifs aux faux en écri-
ture publique ou authentique sont *également applicables en matière
électorale.*
Cour d'assises de la Haute-Garonne 1897.
—   de l'Aude Décembre 1899.

PRESCRIPTION. — L'action publique et l'action civile seront
prescriptes après *trois mois*, à partir du jour de la proclamation du
résultat du scrutin (Art. 50, Déc. org. 2 Fév. 1852.)
Cette prescription s'applique à tous les crimes et délits électoraux.
Cass. 9 décembre 1892, S. 94-1-475.

Ici se termine notre tâche.

Nous nous étions proposé de mettre l'électeur en même de
voter et de *défendre par lui-même* les droits que lui confère
l'électorat.

Ce but, l'avons-nous atteint? Nous l'espérons. Nous n'avons pas voulu pousser plus loin une étude qui donnerait à notre petit opuscule des proportions plus grandes et peu en rapport avec sa seule prétention « *d'être un Ouvrage de propagande.* »

L'intervention d'un homme de loi devient en effet nécessaire dès qu'il s'agit de *contentieux électoral.*

L'électeur n'étant plus livré à lui-même n'avait donc que faire de nos conseils.

Puisse notre initiative réveiller l'énergie de tous les bons Français désireux de travailler au salut de leur pays.....

Surtout, ne désespérons jamais, et oublieux des défaillances passées, saluons avec un radieux espoir l'aurore du siècle nouveau qui, du milieu des ténèbres présentes, perce déjà les brumes de l'horizon.....

Décembre 1899.

TABLE DES MATIÈRES

125

TYPOGRAPHIE
G. FOIX
A AUCH

www.ingramcontent.com/pod-product-compliance
Lightning Source LLC
Chambersburg PA
CBHW060804280326
41934CB00010B/2553